U0330966

国学经典释读 ❖ 李学勤 主编

译解

道德经

叶玉麟 诠释

生活·读书·新知 三联书店

图书在版编目(CIP)数据

译解道德经/叶玉麟诠释. —北京:生活·读书·新知
三联书店,2021.1

(国学经典释读)

ISBN 978 – 7 – 108 – 06772 – 2

Ⅰ.①译⋯　Ⅱ.①叶⋯　Ⅲ.①道家②《道德经》–译
文③《道德经》–注释　Ⅳ.①B223.1

中国版本图书馆 CIP 数据核字(2020)第 011573 号

责任编辑　赵　炬　周　鹏
封面设计　米　兰
责任印制　黄雪明
出版发行　生活·讀書·新知　三联书店
　　　　　(北京市东城区美术馆东街 22 号)
邮　　编　100010
印　　刷　常熟市文化印刷有限公司
版　　次　2021 年 1 月第 1 版
　　　　　2021 年 1 月第 1 次印刷
开　　本　650 毫米×900 毫米　1/16　印张　7.25
字　　数　64 千字
定　　价　26.00 元

出版说明

　　这是一套写给普通读者的国学经典释读丛书。

　　"国学"之名,始自清末。当时欧美学术涌入中国,被称为"新学"或"西学",相应的,学界就将中国传统学问命名为"旧学"或"国学"。广义的"国学"包含范围广泛,从哲学、史学、宗教学到考据学、中医学、建筑学等等,本丛书之"国学经典"主要是指先秦诸子百家的著作。这些经典博大精深,是中国传统文化的精髓,是中华民族共同的血脉和灵魂,是连接炎黄子孙的血脉之桥、心灵之桥,吸引一代代中国人阅读、阐释、传承,至今熠熠生辉。

　　民国时期虽然新学昌盛,但对国学经典的研究和普及并未中断,甚至在二十世纪三十年代掀起出版国学经典的热潮,比如商务印书馆出版的"学生国学丛书"、世界书局的《四书读本》、广益书局的"白话译解经典"系列等等。

　　今天,出于继承和弘扬中国优秀传统文化的需要,我们精选了民国时热销的经典释读版本,并做适当的加工处理,以适应今日之读者。本丛书收录《广解论语》《广解大学·中庸》

《广解孟子》《译解荀子》《译解韩非子》《译解孙子兵法》《译解庄子》《译解战国策》《译解国语》《译解墨子》《译解道德经》《国学讲话》十二种。这些国学经典释读的编者兼具旧学与新学功底,语言通俗易懂,译解贴近现代。

这次重新出版,我们主要做了五项工作:

第一,为了读者阅读的方便,改竖排为横排,标点符号也随之改为现代横排的规范样式。

第二,变繁体字为简化字,在繁简转换的过程中,对有可能产生意义混淆的用字,做了合理的处理。

第三,采用今天所见较好的古籍版本对原书的选文进行了审校,订正了文句的错、讹、脱、衍。

第四,原书选篇保持不变。

第五,对原书的注释进行了修润,使注释更加准确、易懂。

我们期望,本丛书的出版能够为普通读者提供一个更亲近的读本,也希望以此为契机,对弘扬中国传统文化、普及国学知识起到积极的促进作用。

"国学经典释读"是李学勤先生生前主编的最后一套丛书,李先生在病榻上撰写了总序。今年二月,先生遽归道山。如今,此丛书顺利出版,是对先生的缅怀。

生活·读书·新知三联书店

总　序

　　大家了解,人类的许多认知和见解,有时可以在历史发展的某些时段得到重合或认同。20 世纪三四十年代悄然掀起的国学教育运动,恰恰与现今对中国传统文化的重视与重拾极为相似,其因果大体也是经历由怀疑、批判、否定,到重视、回归并再造这样的过程。

　　20 世纪前半叶,可谓中西文化大碰撞、大交融的时代,最为鲜明的是西方文化对于中国传统文化的巨大冲击。清末的"中体西用",尚有"存古学堂"保存国粹,使国学还占有一席之地,而到了民国初年,特别是"壬戌学制"的颁布,主要采用当时美国一些州已经实行了十多年的"六三三制",标志着中国近代以来的学制体系建设的基本完成,以美国为代表的西方教育在中国占据了相当大的地位。此后中国现代化教育每发生一次变化,西方的教育形式与内容就会有所进入,中国传统文化的教育也就有所丧失,中国传统文化的价值体系遭受着越来越多的质疑或否定。对此,一部分具有强烈忧患意识的教育家、文化名流忧心忡忡,并由担心逐渐转而采取行动挽救国学。但是,真正产生影响并引起国人震动的却是国际联盟教育考察团的到访。1931 年,当时的南京国民政府鉴于欧美的教育对中国日益增大的影响,邀请以欧洲国家为主体的教育考察团来华考察。考察团用了一年多的时间,考察了中国教育的诸多重镇及学校,提交了《中国教育之改进》的报告书。报告书指出:"外国文明对于中国之现代化是必要的,但机械的模仿却是危险的。"该报告书主张中国的教育应构筑在中国固有的文化基础上,对外来文化,特别是美国文化的影响,进行了不客气地批评:"现代中国最显著的特征,即为一群人所造成的某种外国文化的特殊趋势,不论此趋势来自美国、法国、德国,或其他国家。影响最大的,要推美国。中国有许多青年知识分子,只晓得摹仿美国生活的外表,而不了解美国主义系产生于美国所特有的情状,与中国的迥不相同。""中国为一文化久长的国家。如一个国家而牺牲它历史上整个的文化,未有不蒙着重大的祸害。"报告书切中时弊的评估,使中国知识界与教育界在极大的震动中警醒并反思。随即具有强烈社会责任感的教育界、学术界人士,采取了行之有效的国学教育推行举措,掀起国学教育的声势和热潮,使国学教育得到落实,国学经典深入学校的课堂,进入学生使用的书本,并被整合进学生的知识结构中去。

关于 20 世纪三四十年代的国学教育的热潮,有两种情况值得关注:一是诸如王国维、梁启超、章太炎、陈寅恪、黄侃、刘师培、顾颉刚、钱穆、吕思勉等大家利用新的研究方法，潜心研究，整理国故，多有建树，推出了一大批国学研究成果，将国学的归结、分类、条理化、学科化的阐述达到了空前的清晰，对当时及后世影响深远；与此同时，教育界、学术界将国学通过渗透的办法，镶嵌入中小学的课程，设立了各个学级的国语必修课和必读书，许多大家列出书单，推介国学典籍的阅读。二是当时出版界向民众普及国学典籍，主要体现在对国学的通俗释读方面，以适应书面语言不断白话的情形。

对于前者，1949年以后，特别是改革开放以来，重新出版了一些相关著作，但后者几乎被忽视或遗忘了，极少再度面世。其实后者在当时的普及和重版率相当高，影响更为深广。

生活·读书·新知三联书店这次整理出版的正是后者。这不仅是因为在那之后均没有重现，重要的是这些通俗释读的书非常适合当今书面语言彻底白话了的读者需求，特别是当读古文和诠释古文已经成为专门家的事情的今天，即便有较高学历的非专业的读者读古文也为之困惑，这类通俗释读国学典籍的书的出版就显得更为迫切。这些书的编撰者文言文功底深厚，又受到白话文运动的洗礼，对文白对应的把握清晰准确。这些书将国学典籍原文中的应该加以注释说明的元素融入在白话释读之中，不再另行标注，使阅读连贯流畅，其效果与今天的白话阅读语境基本吻合，可见那时对于国学的通俗普及还是做了些实事的。

　　这的确是一些为我们有所忽视的好东西,以致可查到的底本十分稀缺,大多图书馆都没有藏品,坊间也难觅得。生活·读书·新知三联书店在千方百计中找到了选用的底本,使得旧时通行的用白话释读经典的读本得以再现。

　　值得一提的是,这是当时的出版人专门组织出版的一批面向一般民众的国学释读的读本,影响甚大,使得国学经典走入初等文化程度的群体。然而,这些产生过较大影响的读本之所以后来为人所遗忘,其原因可能是出版界推崇名家著述或看重对传统典籍的校勘和注疏。以王缉尘为例,虽然其人名不见经传,但他所编著的关于国学经典释读的一系列的图书,在当时却十分抢手,曾不断重印了十几版。这主要是当时的世界书局看中了他在清末就创办白话报的经历和对国学典籍把握的功力,使其栖身"粹芳阁",为世界书局专事著述国学通俗释读的书籍。列入本套丛书的《广解四书读本》(今将其分为《广解论语》《广解大学·中庸》《广解孟子》),曾被认为是当时国学出版的盛典,是当时通俗释读国学的代表。"国学经典释读"选择20世纪三四十年代的国学通俗的释读书籍,整理为简体横排进行出版,为当今读者学习国学经典提供了很好的阅读范本,是一件大有助益的好事。

　　还应该提及的是,出版此套书不仅是为方便读者理解经典,还在于让读者通过这样的阅读,了解当时人们对中华民族和中国意义的认同史。那时的国学教育和学习的热潮,几乎与抗日战争同行,而对中华民族的现代认识,正是在这期间形成的;国学的教育和普及,使国人了解并认同了中国的历史悠久和文化的博大精深,更将几千年来的人们对国家的意识,从以皇室朝廷为中心的概念中分离出来,完成了从"君国"到"国族"的转变。"中国"代表着中华民族全体,是各族人民联合御侮和实现伟大复兴的精神图腾。

2018 年 12 月 10 日

目 录

序(叶玉麟) ·································· 1

上篇

一章 ·································· 3

二章 ·································· 5

三章 ·································· 6

四章 ·································· 7

五章 ·································· 8

六章 ·································· 9

七章 ·································· 10

八章 ·································· 11

九章 ·································· 12

十章 ·································· 13

十一章 ·································· 15

十二章 ·································· 16

十三章 …………………………………………… 17

十四章 …………………………………………… 18

十五章 …………………………………………… 20

十六章 …………………………………………… 21

十七章 …………………………………………… 22

十八章 …………………………………………… 23

十九章 …………………………………………… 24

二十章 …………………………………………… 25

二十一章 ………………………………………… 27

二十二章 ………………………………………… 28

二十三章 ………………………………………… 29

二十四章 ………………………………………… 30

二十五章 ………………………………………… 31

二十六章 ………………………………………… 32

二十七章 ………………………………………… 33

二十八章 ………………………………………… 34

二十九章 ………………………………………… 35

三十章 …………………………………………… 36

三十一章 ………………………………………… 37

三十二章 ………………………………………… 38

三十三章 ………………………………………… 39

三十四章 ………………………………………… 40

三十五章 ···································· 41

三十六章 ···································· 42

三十七章 ···································· 43

下篇

三十八章 ···································· 47

三十九章 ···································· 49

四十章 ······································ 51

四十一章 ···································· 52

四十二章 ···································· 54

四十三章 ···································· 55

四十四章 ···································· 56

四十五章 ···································· 57

四十六章 ···································· 58

四十七章 ···································· 59

四十八章 ···································· 60

四十九章 ···································· 61

五十章 ······································ 62

五十一章 ···································· 63

五十二章 ···································· 64

五十三章 ···································· 66

五十四章 ···································· 67

五十五章 ……………………………………………… 68

五十六章 ……………………………………………… 69

五十七章 ……………………………………………… 70

五十八章 ……………………………………………… 71

五十九章 ……………………………………………… 72

六十章 ………………………………………………… 73

六十一章 ……………………………………………… 74

六十二章 ……………………………………………… 75

六十三章 ……………………………………………… 76

六十四章 ……………………………………………… 77

六十五章 ……………………………………………… 79

六十六章 ……………………………………………… 80

六十七章 ……………………………………………… 81

六十八章 ……………………………………………… 82

六十九章 ……………………………………………… 83

七十章 ………………………………………………… 84

七十一章 ……………………………………………… 85

七十二章 ……………………………………………… 86

七十三章 ……………………………………………… 87

七十四章 ……………………………………………… 88

七十五章 ……………………………………………… 89

七十六章 ……………………………………………… 90

七十七章 ·············· 91

七十八章 ·············· 92

七十九章 ·············· 93

八十章 ·············· 94

八十一章 ·············· 95

后记一（晁说之） ·············· 97

后记二（熊克谨） ·············· 99

序

　　向读《老子》，意为道家与六经异，儒所不取。及见汉文用黄老敦朴治天下，一时德业盛美，两汉诸帝，无与比隆，窃疑焉。取刘向、扬雄以迄明清焦氏、魏氏诸诠著，遍观而广征，冥思而潜索，乃叹向多偏蔽，而老氏之言，非如世俗所论也。

　　老子当衰周季世，尚文之弊，流极不返，竞争强霸，而国愈衰；驰骛利名，而俗浸薄；节文繁缛，而巧诈滋彰。乃独推寻上古郅治之源，抉发至人清虚淡泊之妙，期挽颓波而返淳朴，知当时非清静宁一，莫能救也。老子为周守藏史，其学旨上窥玄妙，故发抒醇粹之旨，俯视儒、墨，成一家言。凡所论著，乃人君致治之精微，非避世忘天下者也。其立论多与孔氏相合，而尤近《周易》。其言无名天地之始，有名万物之母，无极太极之义也。圣人处无为之事，行不言之教，尧舜垂衣裳、孔子欲无言之义也。天得一以清，地得一以宁，万物得一以生，侯王得一以为天下正，此唯精唯一、允执厥中也。常无欲以观其妙，即《易》之无思无为、寂然不动矣。常有欲以观其徼，即《易》之感而遂通矣。曰修之于身于家，于乡邦天下，德乃真，乃余，乃丰,乃长,乃普,与孔子修己以敬,以安人、安百姓何以异?故论兵谓唯不祥之器,而以黩武昭戒来兹,痛斥纷更,而鄙夷法令,岂世所谓清静寂灭、忘世避名、逃空虚者哉?腐儒窒泥为道家,蔽障夫曲学,相随诋诽,不察本源,未窥隩窔,徒拘牵申、韩之迹,似两晋人之清谈,目为异端。而后世言兵法刑名,言丹汞金石、仙解方术、炼形修性之流,各剿取裂割老氏之说,以自尊高,夸惑庸妄。昧者不察,遂谓兵法刑名方术,皆出于老子,而拘墟曲士,又指为非圣无法,皆厚诬老子者也。

闻游学德意志人言:"德有两学会,一主《论语》,一主《老子》,少年入会各数千人,持《老子》《论语》交互辩难,以求其真。"德人好学思深,自战乱以降,衣服器皿,去华务实,律身从政,尚璞屏文,噫,岂有得于老氏之言耶?周秦诸子多逞辞辩,耀文藻,唯《老子》文约而义丰,理明而事核,故以谚语详释之,视疏通诸子为尤适合。今世运大类周末,而尚文之弊,屡国羸民,积弱殆又过之。吾以为读者悦因兹编,而探索明审老氏之精义,而倡率修学,使风化尚俭尚实,一返乎淳朴,则天下其庶几。

叶玉麟序

上篇

一章

此章是全书总脉,文义甚深,必读完全书始能逐渐了解。大致是浑括道之全体说。

道可道,非常道,名可名,非常名。无名,天地之始,有名,万物之母。故常无欲以观其妙,常有欲以观其徼。此两者同出而异名,同谓之玄,玄之又玄,众妙之门。

[译解]大道是无形象可说的,最难形容,可道之道字,当言说讲。起首两句,是说大道如果能指定一件事物,说得出,那就不是那不变之常道,常道是不能限定一件事物的。天下有定名之物,都是粗的,至于那没法子指名的,才是常名。试思开天辟地之物,混沌乾坤,名在何处?到后来,件件东西都有一定之名,这名字才算世上万物之母。妙字是形容最细微之意,细小到说不出,就叫妙,如人言莫名其妙是也。天上地下,无论何物,皆从极细小无形处生。人能心空,才可以考究万物之妙;又必心有系念,才看到万物的边际。徼字作尽头处讲,作边际讲。此四句,上二句,先空心考究万物之起源;下二句,专心注意,考察万物之归宿。妙徼二字,同出于道而异名,就他同处说名玄。玄字是黑色,凡视线极远,看不清爽,外带灰色黑色,就叫作玄,如黑水洋,是海水深,如远山,只见淡黑影。玄之又玄,譬如俗语神乎其神是也。今之无线电、收音

机、照相机,虽是科学发明,然其功用,可算玄之又玄。所以说玄说道真是各种神秘的法门了!

二章

此章说至美至善无对待、无形象,所以为常善常名。

天下皆知美之为美,斯恶已;皆知善之为善,斯不善已。
故有无相生,难易相成,长短相形,高下相倾,音声相和,前后
相随。是以圣人处无为之事,行不言之教,万物作焉而不辞,
生而不有,为而弗恃,功成而弗居。夫唯弗居,是以不去。

[译解]天下最美好的道理,人多说不出,譬如天地生物,
好处人说不出。正如人人知道的好,那就有不好的生出来,如
人参、茯苓,人皆知道好,就有假的发现了。真正至善,也说不
出;说得出的善,就有假的不善冒名了,如假道学、伪君子是
也。所以凡有对待的道理,如说有,必有无,如说难,必有易,
如说长,就有短,如说高,就有下,说响声就有音调,说前方,必
有后方。有对待的,皆未到极处,所以至美至善,是没有对待
的。圣人做事,一毫不见痕迹,如父母爱子之心,一点做作没
有,纯任自然。如古诗上称尧、舜,百姓只知二人耕田开井,早
出晚歇,不知尧、舜的好处,便是无为之事、不言之教,所以说
至美至善,没有对待也。有如此大作用,所以万物到面前来,
随机应付,毫无成见,如天地生物,自己不显自己的本领,不说
自家的功劳,所以生生不息。凡事倘居功在心上,便有得失,
有去来。如功成不居功,心中空空洞洞,先无自得之心,后亦
无失望,此所以叫常善常名。

三章

此章说有美则有恶，有尚则有争，不如使民无知无欲，以合于清净无为之化。

不尚贤，使民不争；不贵难得之货，使民不为盗；不见可欲，使民心不乱。是以圣人之治，虚其心，实其腹，弱其志，强其骨，常使民无知无欲，使夫知者不敢为也。为无为，则无不治。

[译解]尚贤的贤字，不作贤人看，是才能之人，是夸奖奖励之意，如在上者奖劝抬举一班才能之人，则大家必争显才能也。难得之货，如珠宝、钻石、金玉，如在上者以此为宝贝，则百姓必做盗贼以争利。常人之情，看见可爱之物则心动，倘不能看见，则心不起念，故心不乱。所以圣人之治天下，要人虚心，不自己矜夸本领；又使百姓勤力生活，不致饥饿；又要人不争功，莫生骄傲，而志意谦虚；又要人坚忍耐劳，强练筋骨。他第一个道理，是叫人老老实实，如同上古之世，大家混混沌沌的，好像山野的老百姓，只知吃饭睡觉，没一毫思想，自然不生事端。就是有一班知识略高的人在上位，也不敢凭他个人的理想乱出主意，因为凭私心做事，就会引起小百姓也胡乱逞才，那就忙不了了！所以在上的不多事，顺其自然，好像没事办一样，其实并非懒散也，在不好生事耳。不好生事，自然上下相安，事事顺手矣！

四章

　　此章是总揭大道全体和道之功用。

　　道冲，而用之或不盈；渊兮，似万物之宗。挫其锐，解其纷，和其光，同其尘，湛兮，似或存！吾不知谁之子，象帝之先！

　　[译解]道的本体原极空虚，无所不包，无所不容，无论你怎样用它，它总用不尽，好像一件事物，总盛不满的样子，如果盛满了，必定溢出来。道的作用博大精深，像深水潭一般，所以能为万物的主脑。又譬如用一尖利的锥子去解结，这是常情，它却用不着尖利，只用平常，去解那纠缠。又好比光线是透明体，能照见灰尘的，它却不十分显它的光耀，只平平淡淡，好像同灰尘混合在一起，又不是糊涂与皂白不分。但它的妙处，是令人看不出色彩，摸不到棱角，所以清亮深沉，外面看似浑沦，内中却有一个主宰。这样看来，大道从何处出来？自然大道是在天帝之先，乃先天地生也。就是说，天地未分以前，已有大道了。

五章

　　此章说大道化生万物,象天地,更申明清虚不自盈满之用无穷。

　　天地不仁,以万物为刍狗;圣人不仁,以百姓为刍狗。天地之间,其犹橐籥乎? 虚而不屈,动而愈出,多言数穷,不如守中。

　　[译解]天地发生万物,纯是自然而然,莫名其妙,看上去并没分毫安排,而生者自生,死者自死,像是天地没有仁爱,像是把万物当作那稻草扎的狗,用过了就扔掉。古时人祭路神,或求雨,用草扎一狗,狗身上罩些彩画的假狗皮,祭过了就不要,随便抛弃,或当柴火烧。此两句天地不仁,圣人不仁,不仁二字,当无心做恩惠讲,不是说它真正不仁,是说它比寻常讲仁的更高些,以万物为刍狗,不是作践摧毁的意思,是说听其自然生灭,不必有心去爱,但这爱的道理更大。以下说天地生生不已的妙处,好比那铜匠的风箱,又好比打气炉,只要抽动里面的风扇,自然一呼一吸,鼓动生风,所以说虚而不尽,鼓动更出。此是形容天地之间大气鼓动,好比一个大风箱,抽动风扇,就生生不已也。天地的作用如此神妙,所以世间讲政治的,说得越多越不行,倒不如明白天地生物之大道,守那清虚无为的道理。

六章

此章引谷神，形容道体至虚，故能用之不劳。

谷神不死，是谓玄牝。玄牝之门，是谓天地根，绵绵若存，用之不勤。

［译解］山洞名谷，谷神二字作为空虚处，能应用不穷，故名谷神。应用不穷，所以说它不死，不死二字，当不昏迷讲。谷神以空灵的妙用，永无昏迷之日，此即玄妙的大道所产生的方式。这玄妙生物的总法门，可以说就是天地的根本。人倘能知道从这大道的根本上做起，那便是无形，又像实有主宰，要说有形，又指不出。所以说绵绵不断，总像暗中有个主宰，应用不穷，又不现吃力的样子。

七章

此章引天地以证明圣人天地不自生,故能长生,圣人无私,故能成其私。

天长地久。天地所以能长且久者,以其不自生,故能长生。是以圣人后其身而身先,外其身而身存。非以其无私邪?故能成其私。

[译解]天长地久四句,是说天地化生万物的道理。天有雨露风日,好生长万物;地无论高下,凡附着土的,总叫它发生。所以然的缘故,几千几万年,总是如此不歇。它能长久的道理,就在没有一毫为自己的作用。所以春生,夏长,秋收,冬藏,凡在天底下的生物,没有不被雨露滋养的;凡是在地面上的生物,无有不靠天发育的。问起天地何以如此? 就是一个只顾施雨露,一个尽性发育种类,毫无一点私心,故尔长久也。由此看来,圣人治天下亦如此。圣人治天下,与天地生育的道理正同,一毫不为己身,却是人人知道有圣人;一念不私自己,却人人知道圣人道大。正是公正无私,却有成其功用的效验。

八章

此章说有道者不争如水,故有这七种好处。

上善若水,水善利万物而不争,处众人之所恶,故几于道。居善地,心善渊,与善仁,言善信,政善治,事善能,动善时。夫唯不争,故无尤。

[译解]此章以水比方大道。水之功用极大,世间无论何物,总赖水润泽生长。水之性能滋养万物,又无争竞。水性下流,处人世卑下之地,那污秽之地,却不碍它润湿之德,如百川到海,总能消纳容受,不怕污秽,自然能清。因为它能处下,又能利物,所以可比方最上之善。最上之善,有益于世,也同水之德性一样,人能学水之功用,差不多近于道了。有道之士,倘若真能如此,必定所到的地方,人都感化。他的心如渊水那般静,所相与的人,也必学好,他说的话都相信,做官也好,做事也能,一举一动皆合时。所以然的缘故,就是他有卑下之德,又随处有益于人,无一毫争竞之事,所以没有怨恶,人人都被他感应。

九章

此章说众人所争不过功名富贵金玉,明天道者却远避这世俗之所争也。

持而盈之,不如其已。揣而锐之,不可长保。金玉满堂,莫之能守。富贵而骄,自遗其咎。功遂身退,天之道。

[译解]这一章反证大道说。譬如人办一件事,倘若是自己自满自夸,那就不好,倒不如谦虚点的好。又好比手拿一件尖利的东西,预备刺人,终久要被人摧毁,保不定能长久的。好比贪人堆金积玉,终久守不住;富贵人成天拿架子骄傲,终久要败。所以有道之人,功成名就,他连忙告退,不敢留恋。这正是能知道天的道理。

十章

此章言玄之德，哲学谓之提挈。归公之物德，前一段说治身，后一段说治世。

载营魄抱一，能无离乎？专气致柔，能婴儿乎？涤除玄览，能无疵乎？爱民治国，能无为乎？天门开阖，能为雌乎？明白四达，能无知乎？生之畜之，生而不有，为而不恃，长而不宰。是谓玄德！

[译解]人身上魂属阳，魄属阴，有学养之人、知道之人，能定心气，常常守住自己的神识，不像平常浅躁的人，好像魂不附体的样子。老子此章说人倘能安安静静，守住自己的元神，如同修道之人守一一般，一刻不离就好。守一一字，指人之真精神说，人能专一守自己真精神不离，自能办大事。又要能纯任自然之气，和柔到极处，如婴儿一样，全是一片天真，自然与外来无抵触，全其本性之量矣。又要洗清眼前的渣滓，于凡事物之来，看得极清爽，不受外来的遮蔽，才可见到道之妙徼也。以上说自修，以下说治人。譬如人想做爱民治国之人，必有多少安排，多少铺张，其实都非也，大道之妙不如此，是要清静自然，不妄生事。天下事所由出入之门，名曰天门，仿佛伊斯兰教说的真主，庄子说的真宰一般。如国家一治一乱，也可说是天门一开一关。爱民治国之人，肯安安静静不生事，如雌物不

妄动,又能明白天下万类之情,如明镜一般,有事物来,总照得清清爽爽,却不用别样方法,才是真明亮。如做官人心地明白,不用明察暗访,自会晓得下性。所以大道玄妙的作用,要在如天地生物之功,只管发生长养,不居功,不自矜夸,使人也不知它的功大。如此包涵万象,运用不穷,才是玄妙之德。

十一章

此章说出德之妙用，常有常无。

三十辐共一毂，当其无，有车之用。埏埴以为器，当其无，有器之用。凿户牖以为室，当其无，有室之用。故有之以为利，无之以为用。

［译解］此章就器用空虚处，形容道之妙用。先说车轮辐，是轮子上的直棍，毂是轮盘中心的圆木，安插直棍的中心挖空，好套住车轴子。三十辐共一毂，是说三十根直棍，共插在一个车毂辋上，它中心挖空处，才能圆转轮子。是轮子的用处，全在中空，如果是实心，必不能转了。又如烧窑户和泥土，烧盆子罐子，必要中空，才好盛水盛食物。又如人家造屋开门窗，用处也在开通，如把它塞死，门不能出入，窗不能透光矣。所以世间各种事物，有一件即有一件的用，然而用处多半在空灵无碍处，倘处处弄得石墙石壁，用处就不灵了。

十二章

此章说出外有之害，但取利民于实际。

五色令人目盲，五音令人耳聋，五味令人口爽，驰骋畋猎，令人心发狂，难得之货，令人行妨。是以圣人为腹不为目，故去彼取此。

[译解]凡人耳目口及心思，要自家作得主，不随外界牵引，才能耳聪目明，食味辨色别声。如用五色来耀眼睛，眼必生花；用五音来哄闹，耳必震聋；用五味来混吃，必定连味也尝不真；成天地打猎驰马，必定心慌意乱，坐立不安，像有神经病；得一件宝贝，必定心心念念防人偷窃。这都是自家做不得主，耳目口心思，一遇外来的牵引，就随它走了。所以圣人治天下，要百姓老老实实，有养活不饿肚子，不叫人被声色货利闹昏了，除去害人之物事，只重实事养民而已。

十三章

此章乃杨朱为我之道,《庄子·养生主》篇之大头。

宠辱若惊,贵大患若身。何谓宠辱若惊?宠为下,得之若惊,失之若惊,是谓宠辱若惊。何谓贵大患若身?吾所以有大患者,为吾有身,及吾无身,吾有何患?故贵以身为天下,若可寄天下;爱以身为天下,若可托天下。

[译解]常人把自己身子看得太轻,不知道自重,所以外界之宠和辱,一到面前,就惊动。人赞一声,喜不可言;骂一句,气得要死。因为看得身外的批评太重了,以为我这生命就随人重轻。凡能宠人者,多在人上,受宠的,多为人下,他以为我这生命,全在人家一宠一辱上分贵贱,所以得宠喜而惊,失宠又一惊,把这宠辱看成生命的一件大祸患。所以然者,不过为了我这躯壳,时刻怕失宠荣,时刻怕受羞辱。不知有道之人却不然,自尊自贵,知道天下还靠我这身子,才能有希望。此非自私也,因为人必须君子,自重方能行道;不然,卑污而贱,安能任天下大事?由此看来,外界的宠辱,是不必惊动的了。

十四章

此章发明真心之用。真心不落颜色形象,可以用太古无为之道治今有为之世,能知古始,然后知道之纲纪。

视之不见,名曰夷;听之不闻,名曰希;抟之不得,名曰微。此三者不可致诘,故混而为一。其上不皦,其下不昧,绳绳不可名,复归于无物。是谓无状之状,无物之象,是谓惚恍。迎之不见其首,随之不见其后,执古之道,以御今之有,能知古始,是谓道纪。

[译解]凡天地间之物,有形可见,有声可听,有形质,手可捉摸的,皆不足以显大道之玄妙。必定要看不出,听不清,抓不着,名夷、希、微的,才是大道的玄妙。所以这三者,没法究竟,故要从根本上看来。此三项既无形声,不可执捉,吾人所以能追求到这道理上的缘故,是有一个能觉察三项的功能,一个真心而已矣!一个真心,就是人生来的觉性,是能考察到不见不闻,不可捉拿之外的。所以知道之士,他倘在上位,如果真能不做那精光四射、令人害怕的光景,则在下之人,也不妄设方法,以致昏昧。在旁观只觉他绵绵不断,上下无猜。这种道理说是无耶?而万物由此而成。说是有耶?又不见其形。这名叫恍惚。迎面看来,不见起首之处;从后面看,不见收尾之处。所以治国之君子,若知道学太古无为之道,来治今之

人,能知古道起原,才算知大道之纲纪。治人治国之道,不是毛举细故、察察为明也。

十五章

此章申说古之体道者,体之于希夷微之中,故能不拒动静新旧,浑而为一也。

古之善为士者,微妙玄通,深不可识。夫唯不可识,故强为之容:豫兮若冬涉川,犹兮若畏四邻;俨兮其若客,涣兮若冰之将释;敦兮其若朴,旷兮其若谷,混兮其若浊。孰能浊以止?静之徐清。孰以安以久?动之徐生。保此道者不欲盈,夫唯不盈,故能蔽不新成。

[译解]古时有道之士,不粗暴而静细,不浅露而深沉,令人看不出他内中的学养。只觉说不出他好处,不得已勉强形容他的气象:说他谨慎,好比冬天涉水;又似一家在中央,唯恐得罪四邻;凡事不敢先做主人,像客人一样,却又不冷,遇人温暖,如春和化冰;那厚重像古朴之人,又似空空洞洞,一无成见;又能包涵一切,无论何等污垢,他能浑然消受,却不至于浑浊。试问谁能将浑浊的烦扰止得住?唯有道者静以对待之,自会定清。如同一杯水搅得昏昏浊浊,必须定住几分钟,然后渣滓沉淀到底,则清矣。又不可死心不用,一事不管,那亦不能持久,必要活泼其心,随事体察,那智慧自生矣!保存此道理,重在心虚不自满,能不自满,则永久。由此可见大道妙用,无动静,无新旧,常常是一般也。

十六章

此章推广致虚守静之功效。

致虚极，守静笃，万物并作，吾以观其复。夫物芸芸，各归其根，归根曰静，是谓复命。复命曰常，知常曰明。不知常，妄作凶。知常容，容乃公，公乃王，王乃天，天乃道，道乃久，没身不殆。

[译解]老子之道，全在虚在静，前章所论，大半在用力于虚极，守住静笃。极字笃字，足推到十二分的功夫。以下设一比喻说，万物虽同时化生，我可以从它未生之前，观其反复。又好比世间各种植物，长得枝叶茂盛，然究其发生之理，总由树根上生气上达枝干，乃发生花实。俗语说："叶落归根。"一到冬天，叶落枝枯，那一股生气，又回转到树根上去了。此时无花无果，清静极了，是还它天命之本原，以前未发育时，原只有根也。春生，夏长，秋收，冬藏，千年万年不断不息，即是天道之常。知道这常道的，是明理之人；不知道的，必无知妄作，不免凶也。知道天运人事，死生代谢的，其识见能包涵一切，故曰能容；能容，则心无偏私而公；能有公心，然后合王道天道，而可以长久，终身没有危殆不安之事也！

十七章

此章说能知古始，古来最初之始是如此，功成而人不知，何待言说？

太上下知有之，其次亲而誉之，其次畏之，其次侮之。信不足焉，有不信焉。悠兮其贵言，功成事遂，百姓皆谓我自然。

［译解］最上之圣王治天下，一无形迹可见，在下的人民，不过知道国中有个君上而已，好像他一无恩德似的。此即《四书》上孔子称"大哉尧之为君也，巍巍乎唯天为大，唯尧则之，荡荡乎民无能名焉"之意。民无能名，即是"下知有之"之意。次一等的就不然，必有许多功德表现出来，叫民人亲厚他，感颂他。再次一等又不然，实在没恩德及人，只知立威恐吓小百姓，大家畏惧他，不敢说。再下的，运威武也不能做到，所行所为，种种令人轻视，叫人看不起。因为信用不行，所以民人有不信君上之事，那时不得已和百姓赌诅盟誓，就是下策了。所以有道之人治天下，纯是一片真心，毫无行迹可见。到功成事了的时候，百姓皆不知他有何安排，但觉他事事合人心，自然而然，应该这样做而已。

十八章

老子恶伪乱真，故有此一章议论，以为文饰不如朴素也。

大道废，有仁义，智慧出，有大伪。六亲不和，有孝慈，国家昏乱，有忠臣。

[译解]老子论大道总向最高一层说，如此章说，假如大道不行之后，治世之人，遂有施恩惠、行仁义之事出来。下一等的，用仁义又不行，必须用心计法术来对付小民。上下都用心计，那就有诈骗之事发生。又如六亲之中，假使都好，谁也显不出孝和慈来；因为有不好的在里面，愈显出好的来了。又如国家太平，大家都不事仁义，必定是国家昏乱，那才显出有几个忠臣来。所以古话说："家贫思贤妻，国乱思良相。"

十九章

此仍上章去文饰，尚朴素之义。

绝圣弃智，民利百倍。绝仁弃义，民复孝慈。绝巧弃利，盗贼无有。此三者以为文不足，故令有所属：见素抱朴，少私寡欲，绝学无忧。

［译解］此章所说圣智，不可看太高了，不作圣贤讲，只作有才智之人，仁义亦作善人讲，巧利更不足道。老子以为绝去圣智及仁义巧利，民自然安稳便利，自会孝慈，自无盗贼。此三者全是浮文，无补实际，故必定要有一方法，使人心有所归属。归属之方何在？即返本归原，一味朴素，使人少私心、减嗜欲而已。

二十章

此章说有道之人与世俗所趋向不同。人皆末节上做,有道之人却治重本原也。

唯之与阿,相去几何?美之与恶,相去若何?人之所畏,不可不畏。荒兮,其未央哉!众人熙熙,如享太牢,如春登台。我独泊兮其未兆,如婴儿之未孩,乘乘兮若无所归。众人皆有余,而我独若遗,我愚人之心也哉!沌沌兮,俗人昭昭,我独昏昏,俗人察察,我独闷闷。澹兮其若海,飂兮若无止,众人皆有以,而我独顽似鄙。我独异于人,而贵食母。

[译解]最高学问之人,乐天知命,自然无忧。倘不学之人,糊糊涂涂,也说无忧,则与那寻常多忧之人,相差无几。譬如恭敬地答应曰"唯",和那随便地应声曰"阿",二者相差,又有几何?人人害怕的事,我焉能不害怕?世间祸福,未来之事,直难预测。众人忙忙地干功业,兴高采烈,好似登春天的高台,吃大牛肉,生出多少事,忙了一头汗,自我看来,真不必如此。我的观念平平淡淡,好像没事人样,像那一岁半周的孩子,木木的还不会笑,又像一个人,孤零零的无家可归。大众都抱着满腹经纶,预备出风头,我好像忘记了这事似的。当真我像乡下人不成?混混沌沌的世俗之人,都要显精明,我只昏昏的;俗人事事考察,比长较短,我却闷闷的,似不懂事,但胸

中自有分晓,不过不露光芒而已。又能悠远不断,不是顽空。众人皆有许多装点作用,而我却像粗浅之人。我所以不同于人者,只是抱着大道的源头,不离顷刻,好似吃奶的孩子,一刻离不了乳母。

二十一章

此章说道之精微，非耳目所及测度，要在能知扼要，因道之本体，是如此也。

孔德之容，唯道是从。道之为物，唯恍唯惚。惚兮恍兮，其中有象，恍兮惚兮，其中有物。窈兮冥兮，其中有精，其精甚真，其中有信。自古及今，其名不去，以阅众甫，吾何以知众甫之状哉？以此。

[译解]此章论道之体，说空虚之德，所以能涵容一切情状，皆与道相合也。道不可形容，却无一事能离乎道，仿佛事事物物中，都隐隐有个道在。或者恍惚有象的，如方圆是也；或者有物的，如金石是也；或者有精的，如草木众人是也。这种精微之道，极真实无妄，其中确有可信之道在，所以从古至今，它这常名不去，以察看众物之父。甫字即父字，众父即众物之本始也。我何以知万物之始生哉？以此知之也。

二十二章

此章说得玄同之道，可以常行无弊，分别矜异者不能也。

曲则全，枉则直，洼则盈，敝则新，少则得，多则惑。是以圣人抱一为天下式。不自见，故明；不自是，故彰；不自伐，故有功；不自矜，故长。夫唯不争，故天下莫能与之争。古之所谓曲则全者，岂虚言哉！诚全而归之。

[译解]曲字如说一部分是也，但指一部分，而全体可知。虽自处一曲，人自见其直；虽自处低洼，人自见其不亏欠；虽自处于旧敝，人自见其生新。愈少愈无走失，故有得；愈多愈丧本真，所以反招疑惑。是以守道之至圣，只抱定一，一是极少之数，抱一即可以为天下之矜式。唯不自己表现，故胸中浩浩落落，自然明理。又不自以为是，故他的功自然明显；不自夸，故功自可见；不自显己之能，所以能长久。站在有能为的地方，唯其不小气好和人争短长，所以度量宽广，任凭天下之才人能人，谁都不能与之争！古时所说的能自卑屈谦下的、能全始全终者，岂是空话！诚能见其大也！故自处于曲小之一部分，俗语所说"终身让畔，不失一半，终身让路，不失一步"是也。

二十三章

此章仍接前章的宗旨。

希言自然。故飘风不终朝,骤雨不终日。孰为此者?天地。天地尚不能久,而况于人乎?故从事于道者,道者同于道,德者同于德,失者同于失。同于道者,道亦乐得之;同于德者,德亦乐得之;同于失者,失亦乐得之。

[译解]凡知道之人,必不多言,《易经》说:"吉人之辞寡,躁人之辞多。"所以胸有涵养之人,言甚希少,却自然合道。不然,譬如大风不过午,暴雨不终日,主张风雨者天地也,天地发生太暴太骤,尚且不能久,况人为哉?所以从事于道之人,必与道同其作用;从事于德之人,必与德同其作用。如其不然,有些分别,则道德之真,全丧失矣!所以能与道同者,则有道者亦乐得之;能与德同者,则有德者亦乐得之;道德俱失,次而行仁义,则失道德而行仁义者乐与之。此就主观客观对说,有同声相应、同气相求之理,所以信用不足于人,人亦不相信也。

二十四章

此章仍合前为一义。

企者不立,跨者不行,自见者不明,自是者不彰,自伐者无功,自矜者不长。其在道也,曰余食赘行,物或恶之,故有道者不处。

[译解]老子恶人急进求速化,故此章又比方说。凡人要是踮起脚望的时候,站立必不稳;要是跨大步或跳过,就不是好好步行。所以急于表现者,心不明白道理;自以为是者,好处转不显。自夸功,人必厌;自矜奇炫异,必不久见信于人。这种人在道上论起来,仿佛人吃剩下之食,又好比赘瘤在身,徒惹人厌恶。所以有道之士,绝不如此做!

二十五章

此章论道之大原本出于天,故王者当法天。

有物混成,先天地生,寂兮寥兮,独立而不改,周行而不殆,可以为天下母。吾不知其名,字之曰道,强为之名曰大。大曰逝,逝曰远,远曰反。故道大,天大,地大,王亦大。域中有四大,而王居其一焉。人法地,地法天,天法道,道法自然。

[译解]老子欲形容大道之全体,故有此一章。前数句浑括道之体和功用,说天地间有一件物事,在未有天地之先已产生。其状唯何? 像是浑然生成的,无可名象;既冷冷清清不显形,又无一物可与相匹;似是独立,又悠久不改常度;又能无处不到,而不穷尽。世间无论何物,总离不了它,可以算众物之母。然则此物何以名之? 问起来本无名,不得已勉强名之曰道。道字上,强加一大字,因为这道能行能远,又能无往不复,周流不滞,所以说道之大,真可与天地帝王比并了! 世界有四大,是道与天地帝王四者,所以人要以地为法,如《易经》云:"坤厚载物。"又如坤顺承天,就是地法天。至于天之运行不息,那是以道为法。而道的真理,何所法乎? 却是无一毫牵强,无一点滞碍,随方就圆,无将迎,无拘泥,纯任自然而已。

二十六章

前章言王者当法天,此言王者当法地。

重为轻根,静为躁君,是以圣人终日行不离辎重,虽有荣观,燕处超然。奈何万乘之主,而以身轻天下?轻则失根,躁则失君。

[译解] 凡物轻者不能载重,小者不能镇大,不行者能使唤行者,不动者能指使动者。所以重者为轻者之本根,好比一棵树,那树身和树根很粗重,枝叶就轻了。又如文人计划,武人奋力,是静者使令躁者也。所以圣人治天下,终日勤劳,不离大道之本,如同行军,不离辎重。无论如何,尊荣富贵当前,他中心只平平淡淡处之,心超乎其上。所以万乘之主,不以自己之身轻天下,因为一轻就失了本根,一躁则失却君位。诸葛武侯《诫子书》云:"非淡泊无以明志,非宁静无以致远。"社会上轻躁褊急之人,绝不能成大事也。

二十七章

此章言王者当法天道之成万物，天道至圆也。

善行无辙迹，善言无瑕谪，善数不用筹策，善闭无关键而不可开，善结无绳约而不可解。是以圣人常善救人，故无弃人，常善救物，故无弃物，是谓袭明。故善人者，不善人之师，不善人者，善人之资。不贵其师，不爱其资，虽智大迷，是谓要妙。

［译解］此言人能顺自然而行，不开端，不发起，故不被人指摘。因物之数，不用筹码核算，自然清清楚楚；不用关键绳约，自然不可开解。所以圣人常会救人，是说人才各有短长，应当因材而用也。就是顺他自然的意思，用他的长处，便当防他的短处；补救他的短处，就可以用他的长处。会用人的，把坏人都可以用成好人，所以天下就没有不能用的人了。对于一切的物件也是这样，取长救短，天下自然也就没有废弃的东西了，这就叫作因明之道。所以善人就是不善人之师法，而且不但见不善就引以为戒，又必教之使善，然后我之善量足；故不善人正是善人为善之资，所以善者吾师之，不善者亦当爱而教之，此天下所以无弃人也，然而世俗的常情，大半见贤能就忌嫉，见不肖就羞与为伍，于是善者既不相劝，而不善者更流于恶。不贵其师，不爱其资，虽智者也会迷糊。于此可见因明之道，诚要妙也！

二十八章

此章王者以常德治天下,虽为而如无为,即道法自然之义。

知其雄,守其雌,为天下溪。为天下溪,常德不离,复归于婴儿。知其白,守其黑,为天下式。为天下式,常德不忒,复归于无极。知其荣,守其辱,为天下谷。为天下谷,常德乃足,复归于朴。朴散则为器,圣人用之,则为官长,故大制不割。

[译解]老子之道,纯任他为,清虚以自守,谦弱以自持,总以退守为主,不敢为天下先。所以教人纵然威加海内,自己总不肯逞雄;晓得刚强,自己总还以柔弱自守,雄雌就是刚柔的意思。这样谦虚,就可以容纳万物,好像深溪一般,自然人心归顺,常德不离,仍回到婴儿自然的境界。晓得光亮是好的,自己总还立在晦暗的地方,这样就可以为天下的楷则,自然常德不会差谬,仍回到于不可穷极的地方。晓得富贵是好的,自己总还以贫贱自处,就好像深谷一般,自然德行完全,仍回到浑成朴质的地位。朴就是人生的一点真性,浑成一片,自然无施不可;若是一经涣散,就变为种种不同的材器。圣人因此就为之立官长,以善为师,以不善为资,移风易俗,复归于一。所以以大道制天下者,不去枝枝节节地宰割。

二十九章

此仍上章之义,而更申明之。

将欲取天下而为之,吾见其不得已,天下神器,不可为也,为者败之,执者失之。故物或行或随,或呴或吹,或强或羸,或挫或隳。是以圣人去甚,去奢,去泰。

[译解]若果想取天下,而以人为私智去谋干,我看是得不着的。要晓得天下是无形无方的神器,不能够凭人力去取的。万物有自然之性,不顺其性,而矫揉造作以为之,所以必败;一定固执不通,所以就得不着。至于天下的事物,或是先行,或是随顺,或者小呴吸,或者吹送,有的强,有的弱,有时遭挫折,有时竟隳落。是以圣人做事不为已甚,不尚奢华,去除骄泰。此即王者以常德治天下,虽似有为,而实无为,正是道之真理,取法自然也。

三十章

此章合下一章俱言如不用常德治天下,必至于用兵,用兵必无好结果。

以道佐人主者,不以兵强天下,其事好还。师之所处,荆棘生焉,大军之后,必有凶年。善有果而已,不敢以取强。果而勿矜,果而勿伐,果而勿骄,果而不得已,果而勿强。物壮则老,是谓不道,不道早已。

[译解]以大道辅佐人主者,知天理之无往不复,故绝不敢恃武力横行天下。因为天理好回旋,如用武力,则凡驻兵处,转眼生荆棘。又一遇大兵之后,凶残过甚,灾沴之气,上干天和,必有水旱蝗蝻之灾。故善用兵者,只求济事而已,不敢以武力示强于天下。所谓果者,犹言事成而已。只要事成,不敢矜夸,只要事成,不敢自居功,不敢有骄矜之色。才知道这果字,虽含有决断之义,却出于不得已,所以虽果决,亦不敢逞强。因为天之生万物,强壮到极处,势必衰老,如逞强用兵,就是不讲道理。古语有云:"不循道的总早了,断不会长久也!"

三十一章

此仍上章之意,申明用兵之害。

夫佳兵者不祥之器,物或恶之,故有道者不处。君子居则贵左,用兵则贵右,兵者不祥之器,非君子之器,不得已而用之,恬淡为上。胜而不美,而美之者,是乐杀人。夫乐杀人者,则不可以得志于天下矣。吉事尚左,凶事尚右,偏将军居左,上将军居右,言以丧礼处之。杀人之众,以哀悲泣之,战胜以丧礼处之。

[译解]世界唯有兵是不吉祥之器。佳字本古写之唯字,钟鼎文皆如此,后人误为佳字。试问既是不祥,安得谓佳乎?兵事不祥,人所恨怨,有道者故不处于不祥之地。譬如君子居家贵左方,用兵则贵右方,左阳而右阴,阳生而阴杀也。所以这不祥之兵,非君子之器,万不得已而后用之;就是用兵,也以平心静气为上。即使得胜,也不自美;如以为美,是乐于杀人也。孟子说"不嗜杀人者能壹之",好杀人者,不能得志于天下也。不观古人,凡吉事均尚左方,凶事多尚右方。所以出兵时偏将倒可居左,上将军必居右,言其身为元帅,当誓死也。又言居最高级,如同行丧礼,杀人多,当哭泣;即使战胜,也以丧礼款待之。如此论兵,兵非不祥之器乎?

三十二章

此章言水上于江海,则永不会溢出来,人止于道,则永不会危殆。

道常无名,朴虽小,天下不敢臣。侯王若能守,万物将自宾。天地相合,以降甘露,民莫之令而自均。始制有名,名亦既有,夫亦将知止。知止可以不殆。譬道之在天下,犹川谷之于江海。

[译解]此章就一朴字形容道之体用。朴字作天然讲,作元素讲,说道本无名,譬如朴是万物初生之元素,无一点人工雕琢。但是它独守原来之本质,就没有一件事物可以做它君主,可以臣使它,因为它尚未成为一种器物,可以受人使令也。所以做王侯者倘能守朴,天下之物都只能做他的宾客,来归附这主人。试观天地阴阳之气相合,浑然元气中,自降甘露;小民不待命令分派,自然均沾到。后来有人事,有制度,生出种种名目;既有种种名目,人事遂多。所以治天下者,要自知守着本来之朴,如止在一定之方位,任社会人为纷纭万变,我自守朴,以静制动,执简御繁,自不致危殆不安。故大道之朴,好比百川中之江海,终为众水所归也。

三十三章

此章申言王侯守道之事。

知人者智，自知者明，胜人者有力，自胜者强，知足者富，强行者有志。不失其所者久，死而不亡者寿。

[译解]能知人者是有智之人，能自知者尤高，可谓明白道理之人，比知人者更胜。又如能胜过人者，必是有能力之人，尚不如能自克己私的自胜之人，真是能自强耳！天下不知足者贪，不知止终必败。唯知足者善保守，故能有其富也。人一能之，己百之，人十能之，己千之，此非有志之士，能如此强行乎？止而不失其所，譬如立定宗旨，要做一件非常之事，牢不可破，吾知其志必成，必能垂久远也！又如古今立德、立功、立名之人，虽死而名不朽，可不谓之长寿乎？

三十四章

此章更说天下归心而圣人终不自为大，因他心中旷然，如水之泛滥，无所不可也。

大道泛兮，其可左右，万物恃之以生而不辞，功成不名有。衣养万物而不为主，常无欲，可名于小；万物归焉而不为主，可名为大。以其终不自为大，故能成其大。

[译解]此仍借水形容道之功用。泛兮可左右，犹言如水之泛滥，左右逢源也。万物无不恃之润泽生长，却不休息，又不居功；有发生万物之功，如天地之恩，衣被万物，又不自居主位。再就它虚中无私论，又可说它极细微处皆能观照，似可谓之小；但是就它功用之普遍而言，实不能不谓之大！所以能为大的缘故，原是不居功，不自以为大。所以天下无物可与之比大也。

三十五章

此章仍上章之义而申明之,严几道以为安平太即自由平等以至于大同世界也。

执大象,天下往,往而不害,安平太。乐与饵,过客止。道之出口,淡乎其无味。视之不足见,听之不足闻,用之不可既。

[译解]此言知大道以治天下之人,能执大道之要,以临天下,天下之人无不归往。何以故?因为能执守道要之人,其气概能包涵一切,自然使一世之人心向往之。既能感召人心向往,自然上下相安,如家人父子之亲,平平安安,无一毫龃龉拂违,此大道之功用也!不比音乐酒食能悦人留人,道是无声无嗅,恬淡寂寥,既不足悦口,又不能悦耳目,所以人少有能知能行者。倘真知真行,执守不贰,则道之功,能应用永永无穷也!

三十六章

此章言消息盈虚相因之理,以明圣人终不为大者,以明天道盈虚之故也。

将欲歙之,必故张之;将欲弱之,必固强之;将欲废之,必固兴之;将欲夺之,必固与之,是谓微明。柔弱胜刚强,鱼不可脱于渊。国之利器,不可以示人。

[译解]老子不为天下先一着,所以处处提醒人处柔处退,守雌守黑,其见道处,往往高人一着。此一节,即世俗以退为进之旨。其言天下事,将要吸收时,必先张口,似乎放松一步;将欲使人弱,必先伪为强壮之,此即兵家诈以骄敌之意。将欲废除之,必故作兴盛之势;将欲夺取之,必先姑予之,此即吴王报越之意。盖世间生物之理,柔能克刚,但是为天下者,又深藏若虚,好比水中游鱼,必深藏水底,不敢离水。所以治国之利器,如军械武备,乃一国之精神、命脉之根本,亦必深藏稳固,令人莫测,万不可表现于外,使人有以窥其底蕴也。

三十七章

此章之义回应前一章。

道常无为而无不为，侯王若能守，万物将自化。化而欲作，吾将镇之以无名之朴。无名之朴，亦将不欲。不欲以静，天下将自定。

[译解]论道之大体大用，无形象，无痕迹，一丝不见安排做作，纯乎自然而然；天下事无一件可离道，却又指不出何者是道之功。所以道之在天下，常似乎无所为，而其实无一事不有道在其中，实在是无不为。为王侯者，若能守道，则不必求天下归己，天下自无不归化于己也。到天下归化时，不免有成功的观念，此却不可有，必依然虚中以行之，如本来之朴素，不知何者为事功，何者算成就。空洞无物，纯乎太古之无私，不尚人谋造作，一味清静，老老实实的，天下不因之而多事，即自定矣！

下篇

三十八章

此章言道德为厚,礼法为薄,清虚为实,声色为华。当去华薄,取厚实也。

上德不德,是以有德,下德不失德,是以无德。上德无为而无以为,下德为之而有以为。上仁为之而无以为,上义为之而有以为。上礼为之而莫之应,则攘臂而扔之。故失道而后德,失德而后仁,失仁而后义,失义而后礼。夫礼者,忠信之薄而乱之首,前识者,道之华而愚之始。是以大丈夫处其厚,不处其薄,居其实,不居其华。故去彼取此。

[译解]上德之人,不自以为德,一心以道为用,故虽有得于中,却不表现乎外,不自居有德,此正合道之功用,是以德为其所有也。下德之人不然,有所得便要有作为,有作为便不合大道,是以无德。上德之人,神化不测,纯乎无为,而为之却不自居,不自德其德。下德之人,同是无为,却于无为之中仍有所为。上仁之人,爱人出乎中心之诚,无求报之意,所以行仁似是无所为。上义之人却不同,他要辨明名和实,又要裁制事之宜,是以一动作便不能无为,至于以上礼教人,人不知礼之当否,于是兴出多少节文来;众人虽未必尽从,却不得已,攘臂勉强以行之,故失却大道之真。其次则用德,又其次德又不行,遂行仁,仁又不济事。其次用义,义之行又穷,遂勉强行

47

礼。到了靠礼教来防闲人,是忠信不足了,天下有礼教不能范围之人,则祸乱自此作矣!所以一班号称创作之先圣先贤,虽有名于创造世界之前哲,只是天下从此多事,无益于大道之治。则是前识之圣哲,虽云大智,亦可谓之大愚也。是以守大道之伟人,宁可处道德之厚,不处礼法之薄;宁可处大道清虚之实,不处声色之华。其于本末轻重间,有卓识远见,故宁去彼薄与华,而守大道也。

三十九章

此章即王者之道,以得一为要,而所以致此者,则用反用弱之功。

昔之得一者,天得一以清,地得一以宁,神得一以灵,谷得一以盈,万物得一以生,侯王得一以为天下贞。其致之也,天无以清,将恐裂;地无以宁,将恐废;神无以灵,将恐歇;谷无以盈,将恐竭;万物无以生,将恐灭;侯王无以贵高,将恐蹶。故贵以贱为本,高以下为基。是以侯王自谓孤寡不谷,此非以贱为本邪? 非乎? 故致舆无舆。不欲琭琭如玉,珞珞如石。

[译解]此一字,即所谓太极,中国古来讲道德之老先生,必从无极太极说起。《易经》上说:"易有太极,是生两仪,两仪生四象,四象生八卦。"太极即是在天地万物之先,先有的一股元气,世界上种种生物,总离不了一太极,而且各有各的太极,此一字即指它说。从前人守一的道理,在天地阴阳造化之先,故尔天得一的道理,所以清;地得一的道理,所以宁静;人之神守这一,自然灵。又好比虚谷得一,自然充满;万物得一,才能生;侯王守这一之道,则治化天下而安贞。各种都含有一之功用主宰,如同人之元神一样。以下又就天、地、神、谷、万物、侯王,反说不得一之害,说以上六者倘若不得这一,则有裂、废、歇、竭、灭、蹶之患。以下再申说,凡事皆从根本做起,

49

所以贵人仍靠贱人抬举起来,高大的建筑,必从低洼地下奠基。如王侯尊贵到极点,却用极不美的名词自称,称孤道寡,岂非以卑贱为本位邪?此與字王弼说是誉字,才讲得通。至誉转无誉,即上文王侯至尊贵,反称孤寡,岂非最高的位置,最堪夸耀的,反无可夸耀邪?所以古来得道者,浑然守一之元气,包涵万象,鼓舞化机,使世间万事万物,无一不在他元气中创造。不必多生分别,如同玉与石,定要显出它球球的清楚、落落的分疏,转现支离破碎,失却大道本来之元素也。

四十章

此章言反者道之动，道德之情与世俗之情每相背驰，故不笑不足以为道。

反者道之动，弱者道之用，天下万物生于有，有生于无。

[译解]此章头一句说反者道之动，如同说轮回是道之妙用，又如新名词说反动力，亦大道自然之趋势。又以强弱二字比勘，世间事断没有一味逞强行得去的。其中妙用，看似强得利害，其实中间做主为用的，总不外一弱字，刚柔相调济，乃能运用不穷。即以机器比方，火力猛，必赖水蒸气；又如电力，必阴电与阳电并用；又如草木初生时，必柔软。所以天下万物若从有处见它发生，是一件名物，但是再从它未生以前考究，毕竟是从无中生出有来。所以佛家说生灭二字，有生即有灭，然灭不是永远如此，无之中又会生出有来，是灭又能生也。

四十一章

此仍上章之义。

上士闻道，勤而行之；中士闻道，若存若亡；下士闻道，大笑之，不笑不足以为道。故建言有之："明道若昧，进道若退，夷道若纇。上德若谷，大白若辱，广德若不足。建德若偷，质真若渝，大方无隅，大器晚成。大音希声，大象无形，道隐无名，夫唯道，善贷且成。

[译解] 凡上等知道之士，听人说大道，他本来天分高，有特别见解，一闻道，必勤勤恳恳力行之。若是中等之人，他心中无真确之见，忽明忽暗，他对于道，心内时有时无，悠悠泛泛，虽不以道为迂，却亦不能像上士那般力行。至于下等愚暗之人，天姿本不高，习染又深痼。他听见人谈道，必定哈哈大笑，说是迂老夫子。总之，不见笑不是大道，所以古来立言之人，有几句成语云："真正明白道理之人，必不出那精明能干样子，老老实实，好似不懂什么似的。真正学问之功，日进不休，看上去却无一丝与人争先的光景，好似愈进步愈退化了。又譬如看得道理极平等之人，却不去分别道之高下，一听其自然。纇字作坳字通解，言其不平也。上德之人，心虚若山谷不自满。大白是形容他极纯净，若辱是言其本已极洁白干净，他仍浑浑然，好似受了不洁之名。广德是言宽大，最宽大之德，

不在枝枝节节上表现，反似不足。能建立大功德之人，事事因民之利而利之，一无铺张，好似懒散样。真正朴质之意，转似涣散不可靠样。大方之道，无法限制，好似未曾分割，有形象可指。大器之成，必经历长久时间，虽成而不居功，故好似晚成。又如世间最大的声响，和最大的形象，却是不常听见看见的，好比雷声大，不能时刻听见。天最大，从何处形容？总之，大道不比寻常事业可以指名，大道无物不包，却无处可指现，所以说它隐然寄于万物之中，而莫能名。它又最能帮助，人事天道，随时随地，总赖它相帮，所以可说它善贷。贷字仿佛接气之意，大道运行不休，正是能成就一切也。

四十二章

此章言道自无而有,以明弱者道之用。

道生一,一生二,二生三,三生万物。万物负阴而抱阳,冲气以为和。人之所恶,唯孤寡不榖,而王公以为称。故物或损之而益,或益之而损,人之所教,我亦教之。强梁者不得其死,吾将以为教父。

[译解]道生一,一即是太极,太极生阴阳,阴阳合而生万物。又道之初生,只是一太极而已,分阴分阳,是一生二也。有两仪生四象,四象生八卦,八卦生六十四卦,此一生二、二生三、三生万之谓也。世间万类都向阳背阴而生,好比接天落水,日夜之雨混杂,即生子孑虫;倘隔别白日之雨,不使与夜雨混合,即不生虫,孤阴不生,孤阳不长也。虽是阴阳二气,却从浑然之元气发出来,所谓冲气也。有这冲气和合二气,而生生之道,为用不穷矣!又因这冲气是虚而不自满的,好比王公至尊贵,自己却称孤寡不榖,不榖如言不善也。天下事理,有时看去似是损,其实转有益,看去似有益,其实转受损。所以太强横之人死于非命。此语是古人教人的,我也用这话来教人。我当用此语作教人之主,如同人之父亲教子一般。

四十三章

此借水以申明前章之义。

天下之至柔,驰骋天下之至坚,无有入无间,吾是以知无为之有益。不言之教,无为之益,天下希及之。

[译解]天下最柔软之物,能使用最刚强之物,好比水蒸气至轻微,却无孔不入。又如水可算至柔,却无处不到。然水蒸气之力,其大无穷,水力之猛,能排山倒海。无有入无间,是说天下无处不到之力,譬如阳气发生万物,其初从无处生,即使发生也无形,无形之阳气,却无孔不入!知无为之事,看上去似无为,其实有益。圣人善教化人,有时以身体力行,感化人于无形,不用语言。无为之大用处,天下少有比得上的。

四十四章

此章以下自大成若缺,言知止不殆言。

名与身孰亲?身与货孰多?得与亡孰病?是故甚爱必大费,多藏必厚亡。知足不辱,知止不殆,可以长久。

[译解]世人谁不知爱惜自己身体,然有时为名利就不顾了。为名利奔走之人,愈进愈急,奋不顾身,不曾想名同我的身子,哪样亲些?货财同我这身子,哪样值些?患得又患失,一生忙不了,也不计算得了名利时,没有我这人了,到底哪样合算?所以太悭吝爱钱之人,往往会破家;好聚财之人,聚得多,散得多。唯有知道之士,知道天下事不能太过,常防盛满,能知足,就不贪,能知止,不朝前猛进,故无危殆,所以大道之用,可以长久。

四十五章

此仍上章之意。

大成若缺,其用不弊。大盈若冲,其用不穷。大直若屈,大巧若拙,大辩若讷。躁胜寒,静胜热,清静为天下正。

[译解]天下事必定求全美,此犹是平常见解,要知世人所谓全美,非大成也。大成之道,不可限量一方,故虽大成,像是有缺样。因其用常在大处,不问些小欠缺,像是缺,实非缺也。推之大盈、大直、大巧、大辩,不皆在寻常人见解上争。所以大盈者转似空,以其取之不尽,加之不多,如泉水然,无干竭时也。无满出时,真可比大盈若冲之道也。大直之理,随事自有直之道在其中,却非拘拘地表现它的直,故不知者,反以为曲。天下小巧之人,好显他巧妙,此正是本领不到;至于大巧不然,愈巧愈似拙笨,其实非拙笨也。又如大辩之人,不在一言半句和人争辩,看去似嘴钝,其实他自有能辩之道在,非嘴钝也。又如寒热两种气候,本天时,然人倘是用躁之方法,躁动不已,则身上暖;倘是用极静的功夫,则热也可减,心静自然凉也。究竟二者看起来,躁动之胜热,总不免要动。人安能躁动不止?终不如一静不须动,自会生凉。可见天下之道,还是以清静为主也。

四十六章

此章言道贵知足知止。

天下有道，却走马以粪。天下无道，戎马生于郊。祸莫大于不知足，咎莫大于欲得。故知足之足，常足矣。

[译解]天下太平之日，用不着兵马，只要粪田好了。所以古来有个清官，命百姓卖剑买牛，卖刀买犊。犊，小牛也。天下反乱，则四郊都是兵马，没人种田了。自来大祸，无一不是贪心不足惹起来的，人生的罪过，无一件不起于贪念。所以守道之士常常谦虚不敢进，不求十分满意，是知足也。世间唯知足之人能长久不败，所以知足之人，他的满足，真能永保也！

四十七章

此章言以虚静之理洞明万事。

不出户，知天下，不窥牖，见天道，其出弥远，其知弥少。是以圣人不行而知，不见而名，不为而成。

[译解]不出户知天下，秀才不出门，能知天下事，不必仰看天文，上观象台，也能知天道之常，如阴阳、寒暑是也。其出弥远，其知弥少，此是说好高骛远之人，心思愈杂，头脑愈昏。袁子才说："人必有所不能也，而后有所能。世之无所不能者，世之一无所能者也。"所以圣人用心，以虚静之理洞明万事，不待行已先知之，不必见，而是非之理可得而名之，不待出作为，而事自然成。此即孔子说"予欲无言"那章书之意。子贡曰："子如不言，则小子何述焉？"子曰："天何言哉？四时行焉，百物生焉。天何言哉！"孔子自比于天，看似太高太空，其实圣人德性气象感化人处，确有此理也。

四十八章

此章言无为之道可以取天下。盖德盛而人自归之。

为学日益，为道日损，损之又损，以至于无为。无为而无不为。取天下常以无事，及其有事，不足以取天下。

[译解]求学是要学所未能，故重逐日加增。至于求道，则更高，是要力去私与妄。凡人事有作为的，都不对，故重逐日减少其俗见俗事。减而又减，到一无所作为之时，则一切纯任自然，如同无为光景。到真能无为之时，德性普及天下，就可以得天下。所以古圣王多因其无为之道，自然使天下归心。假如像后世争夺天下之人，多方作为，反不能得天下也。

四十九章

此章言圣人之所以取天下者，以百姓之心为心，不存一些子成见也。

圣人无常心，以百姓心为心。善者吾善之，不善者吾亦善之，德善。信者吾信之，不信者吾亦信之，德信。圣人在天下歙歙，为天下浑其心，百姓皆注其耳目，圣人皆孩之。

[译解]常心二字，可作成见解。圣人无一定成见，但随着众人之心，包涵万象，不生分别私见，一秉大公。他目中看天下之人，不拘善与不善，信与不信，总是本一片真实心对待之。所以好人固然自知向好一边做；那不好的人，也被他感化学好了。圣人为天下，孳孳不息，总望一世之人，大家浑合其本有之真心，不生差别，不拘善信与否，都浑化于大同，天下更无有不善信之人。所以天下人人都注目到圣人身上，以圣人为标准；而圣人皆以慈母对待婴孩之理待之，更不存一些子成见也。

五十章

此章旨意与蒙叟《养生主》篇义同。

出生入死。生之徒十有三,死之徒十有三,人之生,动之死地,亦十有三,夫何故?以其生生之厚。盖闻善摄生者,陆行不遇兕虎,入军不被甲兵。兕无所投其角,虎无所措其爪,兵无所容其刃。夫何故?以其无死地。

[译解]人生走出生路之外,便入死路。人不知道,动辄走到死路上。所云十之三,如云十分中有三分也。此言人生死死生之道占九层,那不生不死之道,只占其一。一即是浑然之大道。圣人处世,无害人物之心,故人物亦不加害,虽遇猛兽甲兵,都不伤,何也?以其从未走近死之道。所谓无死,即是无隙可乘,此方可谓善卫生者矣。

五十一章

此章言道德为万物之主宰。

道生之，德畜之，物形之，势成之。是以万物莫不尊道而贵德。道之尊，德之贵，夫莫之命而常自然。故道生之畜之，长之育之，亭之毒之，养之覆之。生而不有，为而不恃，长而不宰。是谓玄德。

[译解]世间万物之生育成形，皆由道和德，到了能成形，亦是自然之势。好比天和地，发育万物，使之成形，则自有必成之势。道德何以如此尊贵？因为它未曾有人使令，自然生，自然养。所以这道之于物，是能生能养，能长能平均。其生长又能保护众生物，如天地之大德，只顾发育长养，更没一毫居功做主之心。此等德性，真不可测度，真是玄之又玄也！

五十二章

此章言体道者之功在因其自然而求诸内。

天下有始，以为天下母。既得其母，以知其子，既知其子，复守其母，没身不殆。塞其兑，闭其门，终身不勤；开其兑，济其事，终身不救。见小曰明，守柔曰强。用其光，复归其明，无遗身殃，是谓袭常。

[译解]天下有一件最初最早之物，无可名之，但是不拘何物，总离不了它发育，可以说它是万物之始，又可以算万物之母。有了最初之始和生物之母，就可以知道它所生之子，又可以由它所生之子，反推寻它，回到本原上。圣人凡事从事的源头上认清，所以识得它的滋长，可以一生一世运用此道不穷也。兑字作孔窍讲，又可比人之心孔，凡各种思想，都从这孔窍中出。门是凡事出入之门路，人好逞私心，好妄动，故去道远，如能塞闭那孔窍和门路，可以无劳扰之事。如其不然，则心孔内发生的日多，人事开出门路的也无穷，一生也忙不了。所以治世之道，不在宽广其思虑，想处处都照管到，必有遗漏。不如就细微处留心，自能见大，所谓守约施博也。不与人争，刚强而自守柔弱，柔能克刚，不是真柔，乃真强也。暂用其外见之光，依然收敛，回到自身本来之明，使精神敛藏于中，自能永久，不致为身之殃，此乃因其常义之道。凡人好逞聪明，使

聪明外露，一毫不知敛藏，看似精明，有时反被困者，正坐不解
此理耳。

五十三章

此章言不能体道者饰外之无益。

使我介然有知,行于大道,唯施是畏。大道甚夷,而民好径。朝甚除,田甚芜,仓甚虚,服文彩,带利剑,厌饮食,财货有余。是谓盗夸,非道也哉!

[译解]此介字作界画讲,言使我明白条理,十分精明,行大道于天下,我唯以邪径为忧。施字读如斜声,《诗经》上"丘中有麻,彼留子嗟,彼留子嗟,将其来施施"是也。使我行大道,忧邪径,以为大道本甚平直,而百姓偏好走小路。正如朝廷治狱断案,井井有条,可见民好讼者多。田无人耕,仓库空空,百姓一味奢华,考较衣饰,讲究口味,必是在官者多积财,则民安得不为非?如此看来,下民之行邪径,仍是政府先开端。则在上者如同奏音乐之人,吹竽引众乐,直可名在上之人,是为大盗吹竽者耳!

五十四章

此章言建道施德，推及天下，亦即前章道生德畜之义。

善建者不拔，善抱者不脱，子孙以祭祀不辍。修之于身，其德乃真；修之于家，其德乃余；修之于乡，其德乃长；修之于国，其德乃丰；修之于天下，其德乃普。故以身观身，以家观家，以乡观乡，以国观国，以天下观天下。吾何以知天下然哉？以此。

[译解]此建字，作栽桩意思，又如树立之义，抱字如牢固之义。善建者不拔二句，比方人若是树立一件物质的东西，则拔之甚易；如用人力抱住一件物事，脱亦甚快。唯有道之人，树立的是德性，抱守的是纯一之道，无形中之建和抱却是根深蒂固，永久不会拔脱。他的子孙，也能继续他的事业，不致绝灭后代香烟。所以德性要实实在在，本诸身以及于家与乡，乃见得真，见得有余且长，推之一国与天下，亦能丰满普遍也。故知道者，但本诸修身，以验于人，至于一家、一乡、一国与天下，皆可由己身之修为对参之。所以大道之功效，所守甚约，推行至广，故贵善建不拔，善抱不脱，以自修德而已。

五十五章

此章言有道之士知和守柔,如赤子所以养德也。

含德之厚,比于赤子。毒虫不螫,猛兽不据,攫鸟不搏,骨弱筋柔而握固,未知牝牡之合而朘作,精之至也。终日号而不嗄,和之至也。知和曰常,知常曰明,益生曰祥,心使气曰强。物壮则老,谓之不道,不道早已。

[译解]孟子曰:"大人者,不失其赤子之心者也。"此章说,人倘能含有厚德,如同婴儿一样,天真烂漫,毫无一点世情,浑然天理,于世间有知觉运动之类,一无伤害之心,所以毒虫猛兽厉爪之鸟,都不相伤,虽筋骨柔弱,小孩之手,有时抓着一件东西,或自家握着拳头,也甚牢固。小孩不知牝牡交合之道,而生殖器也有勃起之时,这是他的精气充足,发育逐渐完全。所以虽终日号哭,不动真气,喉咙不嗄,因他的喜怒都无心,纯是一片天机和合而已。故学道者,能知和者才是能反本常,知反本常者,是谓明白道理。知道常的道理,则不应于有生之外,又多求补益于身。不致因血气妄动其心,以心使气逞强,不能反本到天和的地位,如含德之赤子矣。凡生物不到十分强壮,则尚未老;至于老,就是未知道。不知道者,必早了也!

五十六章

此章言贵贱亲疏利害，一以玄同之道处之，所以致用也。

知者不言，言者不知。塞其兑，闭其门，挫其锐，解其纷，和其光，同其尘，是谓玄同。故不可得而亲，不可得而疏，不可得而利，不可得而害，不可得而贵，不可得而贱，故为天下贵。

[译解] 天下最高妙之道理，有非言语能形容的，所以真正知道之人，不凭口说，有时竟不说。至于粗浅之人，一知半解，信口开河，或道听途说，问起个中道理，他仍旧茫然。不如把那些小心孔、小思路，一齐闭塞，把那些小尖巧的伎俩放平了，以应付社会上事。与人相处，不露些子棱角，一味地浑合化，也不特别地显光芒，透清白，才是玄妙的大同。他对于世界上的人事物类，无有亲疏、利害、贵贱之分，一切浑同，不生计较，人亦没法子对他有亲疏、利害、贵贱之作用。能体大道如此，乃可贵也。

五十七章

此章言以道治天下，只要守常道，不必好奇多事也。

以正治国，以奇用兵，以无事取天下，吾何以知其然哉？以此。天下多忌讳，而民弥贫；民多利器，国家滋昏；人多伎巧，奇物滋起；法令滋彰，盗贼多有。故圣人云："我无为而民自化，我好静而民自正，我无事而民自富，我无欲而民自朴。"

［译解］圣人以常道治国，必出于正，至于用兵，则非常道矣。以兵取天下，非正也，善取天下者，只用德化而人自归心，正不必多事也。如有问我，天下何以无事能取者？我所见有个一定之理焉。譬如治天下者，好多立法禁，小民一动也不敢动，自然贫穷了。又如教人民，多作杀人利器，百姓自然好争战，生出事来，闹得人发昏。再加上面提倡制造新奇的技艺，则奇怪的物事就愈出愈多了。政治家多方地立些法令，小民偏不畏法，犯法的愈多。老子说民不畏死，法令有何用？圣人所以只重道德化民，一味清静，纯任自然，不矜小智慧，不恃法令，一无所事，百姓自正自富，自然朴实无华。可见以道治天下，只要守常道正道，不必好奇多事也。

五十八章

此章仍上章之意。

其政闷闷，其民淳淳，其政察察，其民缺缺。祸兮福之所倚，福兮祸之所伏，孰知其极？其无正邪？正复为奇，善复为妖，人之迷，其日固久。是以圣人方而不割，廉而不刿，直而不肆，光而不耀。

[译解]闷闷二字，古本作闵。闵即悯字，是说得通，若作闷，也可。如言政事平平常常，一无可称道，百姓皆驯良。若是政治察察为明，作威作福，百姓愁苦，便好似伤残了。治天下者，莫不想去祸求福，不知祸福二字，相回旋起伏，祸之中有福，福中亦有祸，总不是政治的极端好处。三代后，其无有以正治国者邪？不用正，便有用奇之事矣！用奇，则福又为祸，善反为妖，所以把百姓闹昏了。圣人虽用方治人，却不是硬割成方的做法；虽用清廉治人，却非因廉之道而伤害事物；虽行直道，却非任情激动人；虽用精明察事物，却非光芒四射地逼人。

五十九章

此章以治人事天发明俭故能广之义。

治人事天，莫若啬。夫唯啬，是谓早服。早服谓之重积德。重积德，则无不克；无不克，则莫知其极；莫知其极，可以有国；有国之母，可以长久。是谓深根固柢、长生久视之道。

[译解]啬字有收敛几分意。此言治人事天之道，皆不可放荡，不留余，要小心收敛，不敢放肆。凡事总留余地，如同那吝啬人样，处处不肯放松也。唯有这啬之道，小心收敛，永无差错，就像很早就服从天道者。早知服从天道之人，即是会积德之人，人倘能事事谨慎收敛，不敢一毫放肆，则无论办何事，无有不成的。如此等精微的道理，永无穷尽，人窥探不到他的究竟。如是者，必定可以得人之国，因为他知治国之道，必然能长久。然则啬之道，以之治天下，岂非深根固柢，如修道家，长生不老之道乎？

六十章

此章以事神之道发明慈故能勇之义。

治大国若烹小鲜。以道莅天下,其鬼不神;非其鬼不神,其神不伤人;非其神不伤人,圣人亦不伤人。夫两不相伤,故德交归焉。

[译解]此就煮菜比方治国,说治大国之道,当如煮鱼一般,不可太烦。烧菜者要是把鱼在锅里横七竖八乱翻,那鱼必稀烂;治国的若是好生事扰民,民亦必乱也。所以用道去治天下,清清静静,上下安详,连鬼也不作祟,好像鬼无灵样;不是鬼无灵,是那鬼不作祟害人。鬼神所以不伤害人,是由于圣人本不伤人,阴阳和平,灾患不生,此大道之功用也!国家将亡,必有妖孽,正是此文反例。

六十一章

此章以交邻国之道发明不敢为天下先,故能成器长之义。大国小国,各得其欲,即所谓成器长也。

大国者下流,天下之交,天下之牝。牝常以静胜牡,以静为下。故大国以下小国,则取小国;小国以下大国,则取大国。故或下以取,或下而取。大国不过欲兼畜人,小国不过欲入事人。夫两者各得其所欲,大者宜为下。

[译解]论大国自处之道,要像江海似的,在地球上最大,却最下,所以能容百川。众流之水日夜灌输,总不盈满,是天下之水的归纳处。为大国者亦当如此,天下自然归心。天下之物,阳动阴静,牝牡是也。牝性常静不动,却能胜牡,是常以静的道理居下。世间躁动之物,总不敌极静之物,看似无所事,却能发生一切、承载一切,如地道为坤卦,坤能居下,能生万物。所以大国自处之道,当法江海、容众流也。故大国用下以下小国,可以取小国;小国用下以下大国,可以取大国。大国能自卑下,以取小国之附从;而小国又能卑下,以取大国之相容。夫大国之心,不过要人家来奉承自己,受我栽培;小国之心,不过求人不拒绝我。二者之心相比较,还是做大国的能卑下最好。

六十二章

此章言用人之道，贵善而不弃。

道者万物之奥，善人之宝，不善人之所保。美言可以市尊，美行可以加人，人之不善，何弃之有？故立天子，置三公，虽有拱璧以先驷马，不如坐进此道！古之所以贵此道者何？不曰以求以得、有罪以免邪？故为天下贵。

［译解］奥字有深藏之义，俗说深奥是也。言道是万物深藏之处，又是善人之宝，不善之人也依靠这道保全他。用好言去对人，人欢喜如同卖物事一般容易。尊行是有尊贵的品行，令人人佩服，如同有好处到人身上一般。如此，则道之为用，无往不宜，善与不善，都知道好。善者固然能行道，使人敬重，不善者也因道以保全我。只问真能体道与否，人之不善，何必拒绝哉！所以有国家者，立之君，立之臣，安排多少政治议论？又当诸侯来会时，有多少威仪文采，如献美玉、良马等事，都是一种具文，真不如用这道来进奉了！试问古来贵重此道何也？是为有道之善人，行事无求不得，就是不善者也知道向善，可以免罚，道所以为天下最贵之物也！

75

六十三章

此章言处事之道，俭故能广也。

为无为，事无事，味无味。大小多少，图难于其易，为大于其细。天下难事，必作于易，天下大事，必作于细。是以圣人终不为大，故能成其大。夫轻诺必寡信，多易必多难，是以圣人犹难之，故终无难矣。

[译解] 以无为为主，以无条件为事，以不生理趣之味为味。凡事有大小、多少、恩怨，则有分别，不如一概平等观之，无大小，无多少，无所谓怨与德。天下难事当自易处做起，天下大事当自细处做起，是以圣人终不敢冒然图大，知道细事必成大也！唯初起不敢大，所以有始有终，能成其大也。大凡随口答应的，总不可信；看天下无难事的，一事办不成。圣人处处不敢侈然自放，事事深知其难，所以倒能成事，而无难也。

六十四章

此章言大道之妙，全在任用自然，不敢有一点作用，亦即上章之意。

其安易持，其未兆易谋，其脆易泮，其微易散。为之于未有，治之于未乱。合抱之木，生于毫末；九层之台，起于累土；千里之行，始于足下；为者败之，执者失之。是以圣人无为，故无败，无执，故无失，民之从事，常于几成而败之，慎终如始，则无败事。是以圣人欲不欲，不贵难得之货，学不学，复众人之所过，以辅万物之自然而不敢为。

[译解]凡事当安全之时，苟能小心谨慎，自易保持。事情未发露之先，先知谨防，自然易计划。等到事体将要发生时，好比那冰脆的时候，容易融化，微细的时候，容易消散。所以天下祸患之来，贵在及早消弭，趁它未成未乱时，消灭亦易；至于已成已乱，则无及矣！不见那合抱的大树，其初生萌芽时，也极细小；那九层之高台，当初奠基时，也不过是一石土，慢慢累积的；几千里远行，其先是一步步走动的。至于不知道慎始的，和那不知道慎终的，不是败事，就是过失。圣人知道好多事的坏事，故不贵有为，知道那拘执的不好，故不拘执，也无败事。因为社会上人，多不知此理，往往做得太过火，所以反倒功败垂成。唯自始至终，一顺自然，不生事，不拘执，故永无败

坏之事。是以圣人无欲心,不贵难得之宝,则自不生事。虽为学,一毫不自满,只自求寡过而已。大道之妙,全在任万物之自然,不敢有一点作用也。

六十五章

此章言治民之道，反朴还淳，亦尚俭之旨。

古之善为道者，非以明民，将以愚之。民之难治，以其智多。故以智治国，国之贼；不以智治国，国之福。知此两者亦稽式，常知稽式，是谓玄德。玄德深矣远矣，与物反矣，然后乃至大顺。

[译解]明是多见巧智，如在上者多方设立科条，以防百姓，事事现其机巧之心思，就有流弊了。所以古之善治民者，不用智巧对付小民，只老老实实的，像无知识似的，引人安分。此愚字非同愚弄，是一味叫人老实；因为小人所以难治，是诡计鬼心眼太多，欺诈之事日出不穷，律法就难治了。所以用私智去治国，是国之贼也，反是，则国之福也，此两者在人用耳。能知顺人心之纯，不杂一丝私见，是能奉古之善为道者为模范，即是玄妙之德也。要知玄德是最深最远，与世俗人矜私智、用机心者，完全相反；要令自上上下下同归朴实本真，如此，方是大顺之道也。

六十六章

此章言王者自处之道,不敢为天下先。

江海所以能为百谷王者,以其善下之,故能为百谷王。是以圣人欲上民,必以言下之;欲先民,必以身后之。是以处上而民不重,处前而民不害,天下乐推而不厌。以其不争,故天下莫能与之争。

[译解]起四语前章已讲过,总言世间能虚中自下人者,才能成大器也!所以圣人以处下之道居上位,以其言下之,是不敢以上自骄也。知众人不可与争先,故事事从后,如此,则虽居人上,人不觉其威重,虽有时引导人以身先作倡导,人不觉其是与人争先。是以天下之人个个拥戴他,不讨厌他,因为他不同人争,人也不同他争也。

六十七章

此章言慈俭无为。

天下皆谓我道大，似不肖。夫唯大，故似不肖；若肖，久矣其细也夫！我有三宝，保而持之：一曰慈，二曰俭，三曰不敢为天下先。慈故能勇，俭故能广，不敢为天下先，故能成器长。今舍慈且勇，舍俭且广，舍后且先，死矣！夫慈，以战则胜，以守则固。天将救之，以慈卫之。

[译解]天下不知道之人，莫名其妙，反倒说大道像是混混沌沌，一无所用之物了。因为道大，人莫能名之，所以世俗之人以为不肖。不肖，如云无用也。要是人能看得到它的好处用处，那不过见于一方面道，未免小矣。老子说我有三宝，守之不失，一是慈爱，二是俭啬，三是不敢和人竞争。因为行慈，一心要做仁爱的事，毫无疑义，故能勇往向前去做。因为知道俭啬，精神物质上不肯滥用，事事常有余裕，则所及者自然宽广。不同世俗人争尺寸，则所成就者大，所以能成一种大器，如用之治国，可为人长上也。今如舍去三宝，不慈，不俭，好争，是人人所恶，近于死之道也！三者之中，慈尤为最先，即如带兵用恩，自然士卒用命，战无不胜，守无不固。如此之人，天若欲救世，必定用这行慈爱者保护小民也。

六十八章

此章言卑谦柔退、不争之争。

善为士者不武,善战者不怒,善胜敌者不与,善用人者为之下。是谓不争之德,是谓用人之力,是谓配天,古之极也!

[译解]从古来做大将的,必能养大勇,绝不像那一介匹夫,逞血气小勇,韩信受胯下之辱,是也。会打仗的,不轻易动怒;一挑即动,非大将才也。会计划胜败的,不在小处和人争;会使令人的,必谦下人。如此者,方是不与人争。不争之争,是能用人之力,己不劳而事治,是能配天德之极也!

六十九章

此章仍上章之意。

用兵有言："吾不敢为主而为客，不敢进寸而退尺。"是谓行无行，攘无臂，扔无敌，执无兵。祸莫大于轻敌，轻敌几丧吾宝，故抗兵相加，哀者胜矣！

[译解]此说，古来用兵者有句名言：我不敢做主谋之人生事，只敢作客观，遇事到来，不得已去应付罢了。处处让人，不敢进一寸，却是退的多，就像行兵没有行列似的。上行字作行兵解，下行字作行列之行，声如杭也。攘臂是卷袖子，扔字是相就之意，执无兵，是手上像没拿兵器。三语说不敢尚勇而怯，极言其谨慎，小心退让，不敢逞强，所以百战百胜。如其轻看敌人，夜郎自大，兵骄则败，一定闯大祸！故人家举兵来加于我，我小心从事，作万不得已之应付。必是有哀痛心者能胜，何也？不好战，不喜战，无可奈何而后战，此正合慈俭不敢为天下先之道也！

七十章

此章老子自言其悲悯天下而世莫能知也。

吾言甚易知，甚易行，天下莫能知，莫能行。言有宗，事有君，夫唯无知，是以不我知，知我者希，则我者贵。是以圣人被褐怀玉。

[译解]老子说，我之道极平常，极易行，只是人莫能知，莫能行。因为人只知往高处大处、奇异快速的方面着眼，反把这道看轻了。我所说之道，不是无根无凭的，所说有一定的宗旨，有一定的主宰。因为世人无此知解，所以不知我。但是人不知我，则我之道玄妙难名，而可贵矣！所以圣人中藏至道，好比身着布衫，怀中有宝也。

七十一章

此章言大知之人，虽知如不知。

知不知上，不知知病，夫唯病病，是以不病。圣人不病，以其病病，是以不病。

[译解]大知之人，虽知如不知，此其知最高矣！若强不知以为知，此下等人也，使之任事，定出毛病。唯大知之人，怕出毛病，不敢强不知以为知，永无病也。圣人出言行事，知之为知之，不知为不知，虽知犹同不知，何敢以不知为知，致为事病哉！

七十二章

此章言世人逐贵，取死而不自知。

民不畏威，则大威至，无狎其所居，无厌其所生，夫唯不厌，是以不厌。是以圣人自知不自见，自爱不自贵，故去彼取此。

[译解]小民如其任意胡行，不怕王法，好比人家没管的孩子胡闹，起初长辈优容，实在闹得不像样，必定挨打。小百姓如其不惧法律，胆大妄为，必有大刑罚加之矣！狎其所居，好比穷人不愿住小屋，必求美好之居，则不安分而妄为。厌其所生，好比贫人不甘吃苦，则必妄求富贵，又不知畏法，此大威所以至也。人唯安命守分，不敢厌其环境之苦，是知安天命，而不至天亦厌弃之，使彼受祸也。是以圣人自知甚明，不自表现，自爱其守道之身，不羡慕世人之贵。此是能去妄，知学上智之人也。

七十三章

此章言天道亦主于宽大,则知敢于杀人者之非天意也。

勇于敢则杀,勇于不敢则活,此两者或利或害。天之所恶,孰知其故?是以圣人犹难之。天之道,不争而善胜,不言而善应,不召而自来,繟而善谋。天网恢恢,疏而不失!

[译解]此言好斗之人有自杀之道,若小心退让,不敢与人斗狠者,倒可全生也。此二者之中,利害分明。又言人之好杀者,必以为我所杀为天所弃之人耳。然而天道高远,谁能知某某为天所恶哉?是以以圣人之明,尚且不敢易于杀人。盖天道至大,唯不同世人之争,故常善胜;不言四时之功行,却善感应;不必号召人,而人自归心。繟然是宽阔意,犹言看似疏漏,却周到。天道如大网,恢恢乎有容,却无一丝挂漏也,以见道无所不在也。

七十四章

此章言告诫司生杀之柄者,不可不畏天也。

民不畏死,奈何以死惧之?若使民常畏死,而为奇者,吾得执而杀之,孰敢?常有司杀者杀,夫代司杀者杀,是谓代大匠斫;夫代大匠斫者,希有不伤其手矣!

[译解]治国用刑者,以为人惧死也。不知江洋大盗,往往临刑唱歌,此北方常见之事。所以单用杀想止乱,此必无之事也!必须使人人有身家性命之顾恋,不肯犯法,内中或有不良分子,出轨道之行动者,然后刑之,庶乎人知所趋避,不敢为非矣。天道不言,然究无一丝舛错,故天地间祸福之来,类似有一司法官,专司杀人之事者,不必由我代天司杀也。代天司杀,焉能悉当?好比有一木匠在此,伊自会动斧斫;如我代他动手,无有不自伤流血者矣!治国者何必好多事哉?

七十五章

此章言民之所以不畏威者,罪不在民也。

民之饥,以其上食税之多,是以饥;民之难治,以其上之有为,是以难治;民之轻死,以其求生之厚,是以轻死;夫唯无以生为者,是贤于贵生。

[译解]此章言百姓饥荒,由于赋税繁重;小民刁悍,由在上者好用私心,多立法禁。人心至灵,你想得到的,我也想得到。即如查大烟土夹带者,多方私带,搜查者亦无孔不到,可见私心用事无补也。人之轻生犯法不怕死,由于嗜欲多,衣食住件件求好,力不足则为非。唯在上之人以清静无为化民,民自稀犯法,得保生命也。

七十六章

此章言贵因、贵不凝滞,唯柔弱能之。

人之生也柔弱,其死也坚强;万物草木之生也柔脆,其死也枯槁;故坚强者死之徒,柔弱者生之徒。是以兵强则不胜,木强则共。强大处下,柔弱处上。

[译解]老子之道,贵柔不贵强,所以验之于人物之生,而得此一定之理,故曰人之生也柔弱。至于衰老,则骨骼坚硬,而近于死矣。好比牙齿最坚硬,却先腐蛀;舌最柔软,则常存。草木初生,无不柔脆,到枯老时,则坚硬矣。所以坚强是近死之路,柔弱是初生之途。所以用兵横行者,总归于败亡;好比木植一类,太坚硬就有共生的弱枝。所以强大之物,常常居在下面,柔弱处在上面。好比树之根总在下,嫩枝条则在上也。

七十七章

此章言天道辅柔弱，人道尚刚强，而圣人终不以彼易此。

天之道，其犹张弓与？高者抑之，下者举之，有余者损之，不足者补之。天之道，损有余而补不足；人之道则不然，损不足以奉有余；孰能有余以奉天下？唯有道者。是以圣人为而不恃，功成而不处，其不欲见贤。

[译解] 此章形容天道，犹如人拉弓一般，手抬高者，要放平些，太低者，要扬起些，力过者，须留几分，力不够者，当加几把。天道之于人事，常是损有余补不足，人道却不然。何以见得？譬如古话说："予之齿者去其角。"是说那畜类，牙利害的，即不生角。又云："傅之翼者两其足。"言长翅飞的，就只两只脚了。又譬如好聚钱之人，便没好儿子，此即损有余补不足之意。至于人之道，却是锦上添花，正与天道相反也。好比做官刻剥小民，供奉上司是也。谁能用有余以奉养天下？此唯有道者能之矣！是以至圣功夫，虽能为而不自恃其能；虽有大功，而不自居，不想表现他的贤能处。此等德量，几乎与天地造化同一功用矣！

七十八章

此章仍上章之意。

天下莫柔弱于水,而攻坚强者莫之能胜,其无以易之。弱之胜强,柔之胜刚,天下莫不知,莫能行。是以圣人云:"受国之垢,是谓社稷主;受国不祥,是为天下王。"正言若反。

[译解]天下最柔弱的是水,然水之力大起来,却莫能当。破堤埂,冲城郭,排山倒海,世间无物能比水柔弱,亦无一物比水坚强的。人谁不知柔胜刚,弱胜强,然人人能知不能行。圣人说能含受天下之垢者,即是社稷之主;能受一国之不祥者,是为天下王。何以言之? 譬如地之道,凡天下无论何种污秽,总能消纳,而不碍它发育万物之功,王者比德于地是也。不祥是说凡吃亏的事,总当得起,又如自称孤寡不穀是也。所以圣王之道,本是正言,人不知,以为与人事相反也。

七十九章

此章言人之情伪万端,圣人不求诸人而求诸己,信天道之可凭也。

和大怨,必有余怨,报怨以德,安可以为善? 是以圣人执左契而不责于人,有德司契,无德司彻。天道无亲,常与善人。

[译解]人情凡彼此有大怨,总难冰消,即使有人以德报怨,终不能释然,不得谓了事也。古人用契约,右契尊而左契卑。圣人修德以化人,不求人信从己,而人自信从,是用德来照管这契。若常人则不能,只会在形势上做事,如古语说:"循途守辙。"是说照着路上车辙走而已。天道虽难知,却有一定不易之理;其于人也,无一定之亲,但总是亲厚善人耳。

八十章

此章老子意中想望之世,是无为之治象也。

小国寡民。使有什伯之器而不用,使民重死而不远徙,虽有舟舆,无所乘之,虽有甲兵,无所陈之。使人复结绳而用之。甘其食,美其服,安其居,乐其俗,邻国相望,鸡犬之声相闻。民至老死,不相往来。

[译解]地方愈大愈难治。凡水陆交通、五方杂处之地,即前清所谓冲繁疲难之缺是也。老子以为如上古之世,国多而小民亦少,使其所需用之物,常有十倍百倍,供能应求而有余。使民安居乐业,不忧生计,轻去乡里。虽有舟车交通便利,无所用之。如是国与国之间,风俗淳厚,不争不杀,也无须用兵。使人归真反璞,如同初开化时代,一切政治文章,皆无所用,直可以结绳而治! 大家甘食美服,安居乐俗,熙熙皞皞,太古之风。邻国但相望,鸡犬之声相闻,各安生理,无营无欲,至于老死不用往来。此是何等气象乎!

八十一章

此章全书之义例也。

信言不美,美言不信;善者不辩,辩者不善;知者不博,博者不知。圣人不积;既以为人,己愈有;既以与人,己愈多。天之道,利而不害;圣人之道,为而不争。

[译解]天下凡是说得好的,就不可信;真可信的话,必不是巧言!又如说话有条理的,绝不用口如悬河;那太会发议论之人,非善辩者也。真能专精一事之人,有大智,不靠博闻;要是以博闻自夸的,未必是大知。所以圣人不用堆积他的才能,表现于外,心中虚空,一无所有。本是为人,自家却不荒疏;本是以至善与人,自家之善亦不缺少。好比天道,只是生育万物,于人物只有利而无害;故圣人法天道,顺天之利,圣人亦只尽力去做,却不与人争。

后记一

　　王弼老子《道德经》二卷,真得老子之学欤? 盖严君平《指归》之流也。其言仁义与礼,不能自用,必待道以用之,天地万物各得于一,岂特有功于老子哉? 凡百学者,盖不可不知乎此也。予于是知弼本深于《老子》,而《易》则末矣。其于《易》多假诸《老子》之旨,而《老子》无资于《易》者,其有余不足之迹,断可见也! 呜呼! 学其难哉? 弼知“佳兵者不祥之器”,至于“战胜以丧礼处之”,非老子之言。乃不知“常善救人,故无弃人,常善救物,故无弃物”;独得诸河上公,而古本无有也,赖傅弈能辩之尔。然弼题是书曰“道德经”,不析乎道德而上下之,犹近于古欤? 其文字则多误谬,殆有不可读者,令人惜之! 尝谓弼之于《老子》,张湛之于《列子》,郭象之于《庄子》,杜预之于左氏,范宁之于《穀梁》,毛苌之于《诗》,郭璞之于《尔雅》,完然成一家之学,后世虽有作者,未易加也。予既缮写弼书,并以记之。

　　　　　　　政和乙未十月丁丑,嵩山晁说之鄜畤记

后记二

克伏诵咸平圣语,有曰:"老子《道德经》治世之要,明皇解虽灿然可观,王弼所注,言简意深,真得老氏清净之旨。"克自此求弼所注甚力,而近世希有,盖久而后得之。往岁摄建宁学官,尝以刊行。既又得晁以道先生所题本,不分道德而上下之,亦无篇目。克喜其近古,缮写藏之。乾道庚寅,分教京口,复镂板以传。若其字之谬讹,前人已不能证,克焉敢辄易?姑俟夫知者。

三月二十四日,左从事郎充镇江府府学教授熊克谨记